印铸刻字业暂行管理规则

中国法治出版社

目　　录

目 录

中华人民共和国国务院令

第 797 号

　　《国务院关于修改和废止部分行政法规的决定》已经 2024 年 11 月 22 日国务院第 46 次常务会议通过，现予公布，自 2025 年 1 月 20 日起施行。

总理　李强

2024 年 12 月 6 日

国务院关于修改和废止部分
行政法规的决定（节录）

为全面贯彻党的二十大和二十届二中、三中全会精神，落实党和国家机构改革精神，推进严格规范公正文明执法，优化法治化营商环境，保障高水平对外开放，国务院对涉及的行政法规进行了清理。经过清理，国务院决定：

一、对21部行政法规的部分条款予以修改。（附件1）

二、对4部行政法规予以废止。（附件2）

本决定自2025年1月20日起施行。

附件：1. 国务院决定修改的行政法规
　　　2. 国务院决定废止的行政法规

国务院决定修改的行政法规

......

十六、将《印铸刻字业暂行管理规则》第三条和第五条合并，作为第三条，修改为："公章刻制经营者取得市场监管部门核发的营业执照后，应当在 5 日内将以下信息材料向所在地县级人民政府公安机关备案：

"（一）营业执照复印件；

"（二）法定代表人、经营负责人及从业人员有效身份证件复印件；

"（三）标注安全防范设施的经营场所内部结构平面图；

"（四）公章刻制和信息备案设备清单；

"（五）内部管理制度和安全制度。

"公安机关能够通过部门间信息共享获得的备案信息，不要求当事人提供。

"公章刻制经营者上述备案信息发生变化的，应当自有关变化发生之日起15日内向原备案公安机关更新备案信息。

"公章刻制经营者终止公章刻制业务的，应当及时向公安机关办理备案注销。"

第六条改为第五条，第一项修改为："（一）公章刻制经营者应当核验刻制公章的证明材料，采集用章单位、公章刻制申请人的基本信息，并应当在刻制公章后1日内，将用章单位、公章刻制申请人等基本信息及印模、刻制公章的证明材料报所在地县级人民政府公安机关备案。"

增加一条，作为第六条："公安机关可以通过网络等方式，便利公章刻制经营者备案，并应当向备案的公章刻制经营者免费提供或者协助其安装公章刻制信息备案系统软件。"

第七条修改为："违反本规则第三条第一款、第三款规定的，由公安机关责令限期改正，予以警告；逾期不改正的，对公章刻制经营者处3000元以上3万元以下罚款。公章刻制经营者备案时提供虚假信息的，由公安机关责令限期改正，并处5000元以上1

万元以下罚款；逾期不改正的，处 1 万元以上 5 万元以下罚款。

　　"违反本规则第五条第一项规定的，由公安机关责令限期改正，予以警告；逾期不改正的，责令停业整顿 1 个月至 3 个月，对公章刻制经营者并处 5000 元以上 5 万元以下罚款，对直接负责的主管人员和其他直接责任人员处 500 元以上 5000 元以下罚款；情节较重的，由市场监管部门吊销营业执照。"

　　……

　　此外，对相关行政法规中的条文序号作相应调整。

　　……

印铸刻字业暂行管理规则

（政务院政治法律委员会批准　1951 年
8 月 15 日公安部发布　根据 2024 年 12 月 6
日《国务院关于修改和废止部分行政法规
的决定》修订）

第一条　为加强社会治安，保障印铸刻字业的合
法经营，防范不法分子伪造假冒，特制定本规则。

第二条　凡经营铸造厂、制版社（制造钢印、
铜版、胶版、石印版、珂罗版、火印、锌印、证明牌
号等）、印刷局（以机械或化学材料印刷簿册、证
券、商标等）、证章店、刻字店、刻字摊（雕刻戳
记、印版、印章、胶皮印等）及所有上属性质之营
业者，不论专营、兼营、公营、私营，（国家机关专
用不以营业为目的者例外）或属何国籍，除法令另
有规定者外，均依本规则管理之。

第三条　公章刻制经营者取得市场监管部门核发的营业执照后，应当在 5 日内将以下信息材料向所在地县级人民政府公安机关备案：

（一）营业执照复印件；

（二）法定代表人、经营负责人及从业人员有效身份证件复印件；

（三）标注安全防范设施的经营场所内部结构平面图；

（四）公章刻制和信息备案设备清单；

（五）内部管理制度和安全制度。

公安机关能够通过部门间信息共享获得的备案信息，不要求当事人提供。

公章刻制经营者上述备案信息发生变化的，应当自有关变化发生之日起 15 日内向原备案公安机关更新备案信息。

公章刻制经营者终止公章刻制业务的，应当及时向公安机关办理备案注销。

第四条　凡在本规则颁布前，已开业之印铸刻字业，均须补办第三条规定之手续。

第五条　凡经营印铸刻字业者，均须遵守下列事项：

（一）公章刻制经营者应当核验刻制公章的证明材料，采集用章单位、公章刻制申请人的基本信息，并应当在刻制公章后 1 日内，将用章单位、公章刻制申请人等基本信息及印模、刻制公章的证明材料报所在地县级人民政府公安机关备案。

（二）凡经营印铸刻字业者，均需备制营业登记簿，以备查验。属本条第一项规定之各印制品，承制者一律不准留样，不准仿制，或私自翻印。

（三）遇有下列情形之一者，须迅速报告当地人民公安机关：

1. 伪造或仿造布告、护照、委任状、袖章、符号、胸章、证券及各机关之文件等。

2. 私自定制各机关、团体、学校、公营企业之钢印、火印、徽章、证明、号牌或仿制者。

3. 遇有定制非法之团体、机关戳记、印件、徽章或仿制者。

4. 印制反对人民民主、生产建设及宣传封建等各种反动印刷品者。

（四）凡印刷铸刻本条第三项所规定之各项物品

者，除没收其原料及成品外，得按照情节之轻重，予以惩处。

（五）对人民公安机关之执行检查职务人员，应予协助进行。

第六条 公安机关可以通过网络等方式，便利公章刻制经营者备案，并应当向备案的公章刻制经营者免费提供或者协助其安装公章刻制信息备案系统软件。

第七条 违反本规则第三条第一款、第三款规定的，由公安机关责令限期改正，予以警告；逾期不改正的，对公章刻制经营者处 3000 元以上 3 万元以下罚款。公章刻制经营者备案时提供虚假信息的，由公安机关责令限期改正，并处 5000 元以上 1 万元以下罚款；逾期不改正的，处 1 万元以上 5 万元以下罚款。

违反本规则第五条第一项规定的，由公安机关责令限期改正，予以警告；逾期不改正的，责令停业整顿 1 个月至 3 个月，对公章刻制经营者并处 5000 元以上 5 万元以下罚款，对直接负责的主管人员和其他直接责任人员处 500 元以上 5000 元以下罚款；情节较重的，由市场监管部门吊销营业执照。

第八条　凡遵照本规则各条规定进行报告、检举，因而查获重大罪犯、破获重大案件者，由公安局酌情予以名誉或物质奖励。

第九条　省级以上人民公安机关，得依据本规则之精神，制定补充办法；县（市）级人民公安机关如有制定补充办法之必要时，须经省级人民公安机关批准。

第十条　本规则经中央人民政府政务院政治法律委员会批准，由中央人民政府公安部发布施行。